Dieses Buch gehört

....

Copyright © BPA Publishing Ltd 2020

Autor: Pip Reid
Illustrator: Thomas Barnett
Kreativdirektor: Curtis Reid

www.biblepathwayadventures.com

Vielen Dank für die Unterstützung von den Bible Pathway Adventures®. Unsere Abenteuer-Reihe hilft Erwachsenen dabei, Kindern Inhalte der Bibel auf kreative Art und Weise beizubringen. Konzipiert für die ganze Familie, ist das Ziel der Bibel Pfad Abenteuer, die christliche Nachfolge weltweit zurück in das Zuhause von Familien zu bringen.
Die Suche nach der Wahrheit macht mehr Spaß, als in Traditionen zu verharren!

Die moralischen Rechte des Autors und Illustrators wurden geltend gemacht, dieses Buch ist urheberrechtlich geschützt.

ISBN: 978-1-989961-40-7

Der auferstandene König

Tod und Auferstehung des Messias

„Er ist nicht hier, denn er ist auferstanden, genau wie er gesagt hat." (Matthäus 28,6).

Pilatus, der römische Statthalter, erhob sich und stellte sich der Menge entgegen. „Wen soll ich freilassen?", fragte er. „Barabbas oder Jeschua, den 'König der Juden'?" Einmal im Jahr ließ der römische Statthalter einen vom Volk gewählten Gefangenen frei. „Kreuzige Jeschua!", rief die Menge zurück.

Von religiösen Führern des Tempels aufgewiegelt, begann die Menge zu randalieren. Pilatus musste schnell handeln! „Bringt diesen Mann nach Golgatha und kreuzigt Ihn!", donnerte er. Die religiösen Führer lächelten. Es gefiel ihnen nicht, wie dieser Lehrer aus Galiläa gegen ihre von Menschen gemachten Regeln und Traditionen sprach. Ihr niederträchtiger Plan, Ihn loszuwerden, hatte funktioniert!

Die römischen Soldaten legten Jeschua einen Holzbalken auf den Rücken und führten Ihn durch die Straßen der Stadt. Das Fest der Ungesäuerten Brote stand kurz bevor, und Jerusalem war voll von Pilgern. Sie drängten sich nach vorn, begierig darauf, einen Blick auf diesen berühmten Lehrer zu erhaschen.

Geschlagen und abgekämpft, fiel Jeschua auf die Knie und ließ den schweren Holzbalken auf den Boden sinken. Die Soldaten sahen, dass er nicht weitergehen konnte. Sie wählten einen Mann namens Simon aus der Menge aus und befahlen ihm, den Balken nach Golgatha zu tragen.

Judas senkte vor Trauer sein Haupt. Er hatte von ganzem Herzen gehofft, dass Jeschua derjenige sein würde, der die Römer stürzen würde. Er verstand die Schriften nicht, die zeigten, dass der Messias zuerst als leidender Diener kommen würde. Er hatte erwartet, dass er als ein erobernder König kommen würde, genauso wie König David. „Ich habe meinen Meister verraten", rief er. „Er hat nichts Unrechtes getan."

Er schnappte sich das Geld, das ihm die religiösen Führer bezahlt hatten und eilte zum Tempel. Er platzte in den Innenhof und warf dreißig Silbermünzen auf den Boden. „Ich habe gesündigt und einen unschuldigen Mann verraten!" Die religiösen Führer warfen Judas einen Blick zu und wandten sich dann ab. „Das ist dein Problem", sagten sie. „Du hast beschlossen, ihn zu verraten!" Voller Verwirrung floh Judas aus dem Tempel und brachte sich auf einem Feld um.

Nachdem Judas gegangen war, holten die Hohepriester die Silbermünzen ab. „Das ist Blutgeld", erklärten sie, „und es ist gegen unser Gesetz, es in die Schatzkammer des Tempels zu legen". Sie nahmen das Geld und kauften ein Feld, das sie als Begräbnisstätte für Fremde nutzten. Es wurde als „Töpferfeld" bekannt.

Wusstest du schon?

Der hebräische Name Jesu ist Jeschua. Sein voller Name ist Jeschua, was bedeutet: „Gott ist meine Erlösung".

Eine große Menschenmenge folgte Jeschua zu einem Ort namens Golgatha, welches außerhalb der Stadtmauern lag. Golgatha war ein Ort, an dem Soldaten Menschen dafür an einen Pfahl nagelten, dass sie den römischen Herrschern den Gehorsam verweigerten. Diese schreckliche Strafe war als Kreuzigung bekannt. Die römischen Soldaten zogen Jeschua seine Kleider aus und nagelten seine Handgelenke an den Holzbalken. Dann schlugen sie ihm Eisennägel durch die Knöchel, um ihn an einen Holzpfahl zu nageln. Diese beiden Holzstücke bildeten ein Kreuz.

Mit Hilfe von Seilen hoben die Soldaten das Kreuz mit Jeschua darauf aufrecht an, bis er hoch über dem Boden war. Neben Ihm kreuzigten sie einen Mörder und einen Räuber, einen zu seiner Rechten und den anderen zu seiner Linken. Über seinem Kopf brachten sie ein Schild an, auf dem stand: „Der König der Juden".

Jeschuas Feinde schauten das Schild mit finsterer Miene an. Sie glaubten nicht, dass Er der König von irgendjemandem war. Sie gingen zu Pilatus und sagten: „Sag nicht, er sei der König der Juden." Aber Pilatus schüttelte den Kopf. Er wusste, dass die religiösen Führer auf diesen Lehrer aus Galiläa eifersüchtig waren. „Was ich geschrieben habe, bleibt geschrieben", sagte er ihnen.

Wusstest du schon?

Die Kreuzigung war im gesamten Römischen Reich eine gängige Form der Hinrichtung. Die Römer säumten oft Straßen in die Städte mit Leichen, die an Kreuzen und Pfählen hingen, um den Menschen Angst einzujagen.

An diesem Morgen kamen Menschen von nah und fern mit ihren Lämmern für das Passahopfer nach Jerusalem. Als sie die Stadtmauern erreichten, blieben viele von ihnen stehen und lachten über Jeschua. „Du wolltest den Tempel zerstören und ihn in drei Tagen wieder aufbauen", sagten sie. „Komm vom Kreuz herunter, wenn du der Sohn Gottes bist."

Andere starrten Jeschua ungläubig an. Sie dachten, er sei gekommen, um die Römer zu stürzen und König von Israel zu werden. Aber stattdessen war er geschlagen und gekreuzigt worden. Das Volk wandte sich ab und ging in die Stadt, unfähig, den schrecklichen Anblick zu ertragen.

Auch die religiösen Führer kamen, um ihn zu verspotten. „Er hat andere gerettet, aber sich selbst kann er nicht retten. Lasst uns sehen, wie der König Israels jetzt vom Kreuz herunterkommt!" Die Soldaten und der Räuber beleidigten Ihn auf die gleiche Weise. „Wenn du der Messias bist, dann rette dich und uns." Aber der Mörder verteidigte Jeschua und sagte: „Er hat nichts Unrechtes getan."

Auch wenn sich seine Feinde über ihn lustig machten, liebte Jeschua sie dennoch und war bereit, für ihre Sünde zu sterben. Unter großen Schmerzen betete er: „Vater, vergib ihnen, denn sie wissen nicht, was sie tun."

Um die Mittagszeit fiel eine seltsame Dunkelheit über Jerusalem. Drei Stunden lang schien die Sonne nicht. Im Tempel bliesen die Priester den Schofar, um den Beginn der Passahopfer anzukündigen. Die schweren Tore schwangen auf, und Tausende von Menschen mit schlachtreifen Lämmern strömten in die Tempelhöfe.

Die Passahopfer gingen den ganzen Nachmittag im Tempel weiter. Die Priester opferten so viele Lämmer, dass niemand sie alle zählen konnte. Außerhalb der Stadt hing Jeschua schweigend am Kreuz und sagte kein Wort. Während die Soldaten auf seinen Tod warteten, nahmen sie seine Kleider und teilten sie unter sich auf.

Plötzlich schrie Jeschua mit lauter Stimme: *„Elohi! Elohi! Elohi! L'mah sh'vaktani?"*, was bedeutete: „Mein Gott, mein Gott, warum hast du mich verlassen?" Einige der Leute verspotteten ihn und sagten: „Hört zu! Er ruft nach dem Propheten Elias. Lasst uns sehen, ob Elias ihn vom Kreuz herunterholen wird!" Etwas später sagte Jeschua: „Ich habe Durst." Ein Soldat bot ihm einen in sauren Wein getränkten Schwamm zum Trinken an, aber er weigerte sich zu trinken. Dann rief er laut: „Mein Vater, in Deine Hände lege ich meinen Geist." Er beugte sein Haupt und starb.

Um Jerusalem herum begannen sich seltsame und mysteriöse Dinge zu ereignen. Ein gewaltiges Erdbeben erschütterte die Stadt. Felsen spalteten sich und die Erde um das Kreuz herum riss auf wie ein Ei. Der besondere Vorhang im Tempel riss von oben nach unten entzwei. Dieser Vorhang trennte einen inneren Raum namens der Allerheiligste, vom Rest des Tempels. Nur der Hohepriester konnte einmal im Jahr hinter den Vorhang gehen.

Auf Golgatha staunte ein römischer Offizier, der Wache stand, über alles, was geschehen war. „Wahrlich, das war der Sohn Gottes", sagte er. Nicht weit entfernt standen Jeschuas Freunde und Familie, darunter seine Mutter Maria, Maria Magdalena und andere Frauen, die ihm aus Galiläa gefolgt waren. Sie starrten zum Kreuz hinauf, weinten und trauerten um ihren Meister.

Die Soldaten, die das Kreuz bewachten, hatten noch eine weitere Aufgabe auszuführen. Sie brachen dem Mörder und Dieb die Beine, um ihren Tod zu beschleunigen. Aber als sie zu Jeschua kamen, sahen sie, dass er bereits tot war und brachen nicht seine Beine. Stattdessen stießen sie ihm einen Speer in seine Seite. Blut und Wasser strömten aus seinem Körper. Es spritzte auf den Boden und lief durch den Riss in der Erde.

An diesem Nachmittag eilte ein geheimer Jünger Jeschuas namens Josef zum römischen Gouverneur. Josef war Mitglied des jüdischen Religionsrates, der Sanhedrin genannt wurde. Er war mit deren Entscheidung, diesen Mann hinrichten zu lassen, nicht einverstanden. Josef nahm seinen Mut zusammen und bat Pilatus um den Leichnam Jeschuas. Pilatus war überrascht zu hören, dass er bereits gestorben war. „Ist das wahr?", fragte er seine Soldaten. „Gekreuzigte Männer brauchen gewöhnlich viel länger zum Sterben." Als Pilatus hörte, dass es so war, befahl er, den Leichnam vom Kreuz herunterzunehmen und Josef zu übergeben.

Mit Hilfe seines Freundes Nikodemus wickelte Josef den Leichnam sorgfältig in ein weißes Leinentuch ein und legte ihn in sein eigenes, neues, aus festem Felsen gehauenes Grab. Gegenüber dem Grab schauten die Frauen, die aus Galiläa gekommen waren, zu, um zu sehen, wo der Leichnam Jeschuas platziert wurde. Dann eilten sie in die Stadt, um Gewürze und Parfüm für seinen Leichnam zuzubereiten.

Kurz bevor die Sonne unterzugehen begann, rollten Josef und Nikodemus einen großen Stein vor das Grab, damit niemand hinein- oder hinausgehen konnte. Zur gleichen Zeit füllte sich der Himmel über Jerusalem mit Rauch aus Öfen, in denen Tausende von Pessachlämmern gebraten wurden. Die Menschen versammelten sich, um das Lamm zu essen und sich daran zu erinnern, wie Gott ihren Vorfahren geholfen hatte, der Sklaverei in Ägypten zu entkommen.

Am nächsten Tag eilten mehrere religiöse Führer zu Pilatus. Obwohl Jeschua gestorben war, befürchteten sie, dass seine Jünger Seinen Leichnam stehlen könnten. „Dieser Mann sagte, er würde wieder auferstehen", sagten sie zu Pilatus. „Gebt uns Soldaten, die das Grab bewachen, falls seine Jünger seinen Leichnam stehlen, und sagt allen, dass er von den Toten auferstanden ist."

Pilatus setzte sich auf die Kante seines Sitzes und trommelte mit seinen Fingern. Er wollte nicht, dass Jeschuas Jünger während des Festes der Ungesäuerten Brote Unruhe stifteten. „Geht und bewacht das Grab", sagte er zu seinen Soldaten. „Macht es so sicher, wie ihr es könnt."

Die römischen Soldaten marschierten zum Grab und hämmerten eine eiserne Spitze in den Felsen, damit die Tür nicht aufgerollt werden konnte. Dann bewachten sie das Grab den ganzen Tag und die ganze Nacht, sodass niemand kommen und die Leiche stehlen konnte.

Wusstest du schon?

Reiche Männer wurden in ihren eigenen Grabstätten begraben, die oft außerhalb der Stadt aus festen Felsen gehauen wurden. Jeschuas Begräbnis in dieser Grabstätte erfüllte Jesaja 53,9 welcher sagte, „Und sie machten sein Grab mit den Gottlosen, und mit den Reichen in seinem Tod…"

Drei Tage nachdem Jeschua gestorben war, erschütterte ein weiteres gewaltiges Erdbeben Jerusalem. Ein helles Licht blitzte um die Grabstätte, und ein furchteinflößender Engel in strahlend weißer Kleidung fiel wie ein Donnerschlag vom Himmel.

Die Soldaten, die das Grab bewachten, waren verängstigt. Sie fielen auf den Boden, als ob sie tot wären. Sie waren dem auferstandenen König und seinem mächtigen Engel nicht gewachsen. Zur gleichen Zeit brachen außerhalb der Stadt viele alte Gräber auf. Heilige Männer, die gestorben waren, wurden zum Leben erweckt und kamen aus ihren Gräbern heraus.

Als die Soldaten aufwachten, war der Engel verschwunden. Die Steintür war weggerollt worden, und die Grabstätte war leer! Sie rasten in die Stadt, um den religiösen Führern zu erzählen, was geschehen war. Aber die religiösen Führer waren beschäftigt. Es war der Tag der Erstlingsfrüchte, eine verabredete Zeit, an der die Menschen Gott für die kommende Ernte dankten. An diesem Tag wehte der Hohepriester jedes Jahr den ersten Teil der Gerstenernte vor Gott im Tempel. Die nervösen Soldaten standen draußen und warteten darauf, dass die Zeremonie endete.

„Ein Engel hat die Steintür entfernt", sagten die Soldaten den religiösen Führern, als sie sich endlich trafen. „Das Grab ist leer. Wir wissen nicht, wo der Leichnam geblieben ist." Ein Hohepriester hob seine Hand, um die Männer zum Schweigen zu bringen. Er glaubte nicht an Engel oder an ein Leben nach dem Tod. „Wir können den Menschen nicht sagen, dass die Leiche verschwunden ist. Sie könnten glauben, dass dieser Mann der versprochene Messias ist und kommen dann hinter uns her."

Die religiösen Führer stimmten dem zu. Sie wollten nicht, dass Jeschuas Anhänger während der Erstlingsfrüchte randalierten. Stattdessen schmiedeten sie einen listigen Plan. Sie überreichten den Soldaten einen großen Sack mit Geld und sagten: „Sagt, dass seine Jünger in der Nacht gekommen sind und Seinen Leichnam gestohlen haben, während ihr schlieft."

Die Soldaten sahen einander besorgt an. Sie waren sich nicht sicher, ob sie diese Idee gut fanden. In der römischen Armee wurden Soldaten, die beim Wachdienst eingeschlafen waren, hingerichtet. „Macht Euch keine Sorgen", fügten die religiösen Führer hinzu. „Wenn Pilatus erfährt, was passiert ist, werden wir euch beschützen."

Wusstest du schon?

Viele Menschen glauben das es verschiedene Bezeichnungen für Gott gibt. Diese sind Jah, Jahweh, Yahuah, und viele mehr.

Aus Angst, dass die religiösen Führer auch sie verhaften würden, versteckten sich die Jünger in einem Haus in Jerusalem, wo sie nicht gesehen werden konnten. Die Männer beteten und weinten für ihren Herr, der gestorben war. Obwohl er viele Male seinen kommenden Tod und seine Auferstehung erklärt hatte, verstanden sie es immer noch nicht.

Plötzlich platzte Maria Magdalena durch die Tür. Sie schnappte nach Luft und rief: „Ich habe den Messias gesehen!" Am Morgen war sie mit Gewürzen zum Grab gegangen, um sich um seinen Leichnam zu kümmern. Aber zu ihrem Erstaunen war der Stein bereits weggerollt, und das Grab war leer.

Sie war herbeigelaufen, um es den Jüngern mitzuteilen, aber nur Petrus und Johannes waren mit ihr in den Garten zurückgekehrt. Sie hatten das leere Grab gesehen, aber Jeschua hatten sie nicht gesehen. Nun war Maria mit dieser Nachricht zurückgekommen. „Ein Mann, der ein Fremder war, kam auf mich zu", sagte sie. „Ich dachte, er sei der Gärtner, aber es war unser Messias!"

Bevor sie zu Ende sprechen konnte, trafen die übrigen Frauen im Haus ein. Zuvor am Morgen waren sie zum Grab gegangen und hatten zwei Engel gesehen. Die Frauen begannen alle gleichzeitig zu sprechen und verglichen Geschichten über das, was sie gesehen hatten. „Jeschua will, dass ihr nach Galiläa geht", sagte Maria Magdalena zu den Jüngern. „Er wird euch dort sehen."

Am selben Tag verließen zwei Jünger Jerusalem und begaben sich zu einem Dorf namens Emmaus. Während sie die Straße entlang liefen, redeten die Männer über die seltsamen und erstaunlichen Dinge, die sich während des Festes ereignet hatten.

Bald gesellte sich ein Fremder zu ihnen auf die Straße. „Warum bist du traurig?" fragte er. Die Jünger blieben stehen. „Hast du nicht vom Tod des großen Lehrers Jeschua gehört? Er lehrte viele Menschen über Gottes Königreich. Wir glaubten, dass er uns von unseren römischen Herrschern befreien würde, aber die religiösen Führer forderten, dass er hingerichtet werden sollte."

Der Fremde schüttelte den Kopf. „Ihr Törichten. Es steht in der Heiligen Schrift geschrieben, dass der Messias für die Sünden seines Volkes sterben wird". Dann erklärte er mit den Worten Mose und der Propheten, wie und warum der Messias sterben musste. Die Herzen der Jünger füllten sich mit Freude.

Als sie Emmaus erreichten, luden die beiden Jünger den Fremden zu einem Essen ein. Als er das Essen segnete, erkannten sie, dass der Fremde Jeschua war. Aber unmittelbar darauf verschwand er. Die Jünger sprangen vor Aufregung fast aus ihrer Haut! Sie rasten zurück nach Jerusalem, um den anderen Jüngern mitzuteilen, dass Jeschua von den Toten auferstanden war.

Zurück in Jerusalem erzählten die beiden Jünger den anderen von dem auferstandenen Messias. „Wir sprachen mit dem Meister! Er hat uns die Schriften erklärt, die besagen, dass er der Retter Israels ist". Die anderen Männer nickten. „Es ist wahr. Petrus hat ihn auch gesehen, als ihr weg wart!"

Während die Jünger über die Schriften sprachen, erschien Jeschua plötzlich unter ihnen. *„Shalom Aleichem*", sagte er. „Friede sei mit euch." Den Jüngern fiel die Kinnlade herunter. Vor ihnen stand der Meister. „Er muss ein Geist sein!", riefen sie. „Alle Türen und Fenster sind verschlossen. Wie ist er sonst in den Raum gekommen?"

Jeschua lächelte seine verängstigten Jünger an. „Habt keine Angst. Kommt näher und berührt mich." Er zeigte ihnen die Narben an seinen Handgelenken und Knöcheln. „Seht, ich bin kein Geist. Ich habe Fleisch und Knochen." Die Jünger streckten die Hand aus und berührten sanft seine vernarbten Handgelenke und die Seite. „Du bist wirklich der Sohn Gottes", sagten sie.

Die Nachricht von Jeschuas Auferstehung verbreitete sich schnell in ganz Jerusalem. Nicht einmal sein eigener Bruder Jakobus hatte geglaubt, er sei der Messias. Nun glaubten er und viele andere endlich daran.

Petrus und die Jünger verließen Jerusalem und reisten nach Galiläa. Es war Frühling, und die Hügel waren voller Blumen und Vögel. Sie kamen an Kamelen mit Waren aus Ägypten und Händlern mit Getreide für Rom vorbei.

Eines Abends, während die Jünger auf Jeschua warteten, gingen sie auf dem See Genezareth zum Fischen. Obwohl sie die ganze Nacht fischten, fingen sie noch nicht einmal einen einzigen Fisch. Als die Sonne am nächsten Morgen aufging, erspähten sie einen Fremden, der am Ufer des Sees stand. Sie erkannten nicht, dass der Fremde Jeschua war.

Jeschua rief ihnen zu und sagte: „Werft euer Netz auf der rechten Seite des Bootes aus". Als die Jünger taten, was er sagte, wurde das Netz so voll von Fischen, dass ihr kleines Boot fast versank. „Seht her!" Johannes zeigte auf den Fremden. „Es ist der Messias!" Petrus warf sich sein Gewand über, sprang aus dem Boot und schwamm schnell zum Ufer. Johannes und die Jünger folgten im Boot, das Netz voller Fische hinter sich herziehend. Sie waren alle aufgeregt, ihren Meister wiederzusehen.

Wusstest du schon?

Die einzige Schrift, die die Hebräer zu der Zeit von Jeschuas Dienst hatten, war das Alte Testament. Es umfasste die Thora, die Propheten und die Psalmen und war als Tanach bekannt.

Als die Jünger das Ufer erreichten, sahen sie ein Feuer mit Fisch und Brot darauf. „Bringt etwas von dem Fisch mit, den ihr gerade gefangen habt", sagte Jeschua. Mit knurrenden Mägen reichten die Jünger ihm Fische aus ihrem Netz. Keiner von ihnen wagte es, ihn zu fragen: „Wer bist du?" Sie wussten in ihren Herzen, dass es ihr auferstandener König war.

An diesem Morgen saßen die Jünger am Ufer und aßen ein köstliches Frühstück mit frischem Fisch und Brot. Nachdem sie gegessen hatten, wandte sich Jeschua an Petrus. „Liebst du mich?", fragte er ihn dreimal. Petrus schaute auf den Boden. Er schämte sich immer noch, dass er geleugnet hatte, den Messias zu kennen. „Ja, du weißt, dass ich dich liebe", sagte er jedes Mal. „Dann weide meine Schafe", sagte Jeschua. Er wollte, dass Petrus für sein Volk Israel sorgte und es lehrte.

Der Messias erschien seinen Jüngern viele Male danach, nachdem er von den Toten auferstanden war. Er sprach immer wieder mit ihnen über das Reich Gottes und erklärte ihnen, wie die Schriften alle auf ihn hinwiesen. Und er gab ihnen wichtige Anweisungen. „Geht überall hin und macht zu Jüngern. Lehrt sie, alles zu tun, was ich euch gelehrt habe", sagte er.

Petrus und die Jünger verließen Galiläa und machten sich auf den Weg nach Jerusalem, um das Schawuot-Fest zu feiern. Die Straße war überfüllt mit Menschen und Ochsen, die Körbe mit Getreide zum Tempel trugen. Jedermann sang und tanzte und lobte Gott für dieses besondere Erntedankfest.

In Jerusalem erschien Jeschua den Jüngern ein letztes Mal. Er aß mit ihnen und sagte: „Bleibt hier in der Stadt und wartet auf Gottes Heiligen Geist". Danach führte er sie hinaus auf den Ölberg, wo er seine Hände hob und sie segnete. Dann erhob er sich ohne ein weiteres Wort vor ihren Augen in den Himmel und verschwand außer Sichtweite. Die Jünger waren erstaunt. Wo war ihr König hin?

Die Jünger waren erstaunt. Wo war ihr König hin? Als sie in den Himmel spähten, erschienen plötzlich zwei weiß gekleidete Männer neben ihnen. „Ihr Galiläer! Warum steht ihr hier und schaut in den Himmel? Eines Tages wird euer König auf dieselbe Weise zurückkommen, wie ihr Ihn in den Himmel habt steigen sehen", sagten sie.

Die Jünger kehrten voller Freude nach Jerusalem zurück. Eines Tages würden sie ihren Messias wiedersehen! Doch nun war es an der Zeit, ihre Mission zu beginnen, zu der Jeschua sie gesandt hatte - die gute Nachricht vom auferstandenen König und seine Liebe zu seinem Volk überall zu verbreiten.

ENDE

Teste Dein Wissen!
(Vergleiche die Antworten mit den Fragen am Seitenende)

FRAGEN

Wer verurteilte Jeschua zum Tod am Kreuz? ....

Wer trug Jeschuas Querbalken nach Golgatha? ....

Welcher von Jeschuas Jüngern hat Ihn verraten? ....

Wer hat den Grabstein weggerollt? ....

Auf welcher der festgelegten Zeit ist Jeschua ist aus dem Grab auferstanden? ....

Womit hat der römische Soldat die Seite Jeschuas durchbohrt? ....

Wer hat Pilatus um den Leichnam Jeschuas gebeten? ....

Wer traf zwei Jünger auf dem Weg nach Emmaus? ....

Wo gingen die Jünger nach der Auferstehung fischen? ....

Welche wichtigen Anweisungen gab Jeschua seinen Jüngern? ....

ANTWORTEN

1. Pilatus, der römische Statthalter
2. Simon
3. Judas
4. Ein Engel
5. Tag der Erstlingsfrüchte
6. Ein Speer
7. Josef von Arimathäa
8. Jeschua
9. Galiläisches Meer
10. Geht und macht zu Jüngern

Löse das Wortsuchrätsel

JÜNGER   **GOLGOTHA**
GALILÄA   **MESSIAS**
JUDAS   **TEMPEL**
PESSACH   **RÖMER**
PILATUS   **GRAB**

```
P P I L A T U S G G
M E S S I A S H A O
K M S B G I U C L L
C Z A S T R X H I G
Z A U W A H A J L O
F W N D R C Y B Ä T
R Ö M E R M H H A H
R O X T E M P E L A
J U D A S P N I X L
G W P J Ü N G E R T
```

Bible Pathway Adventures®

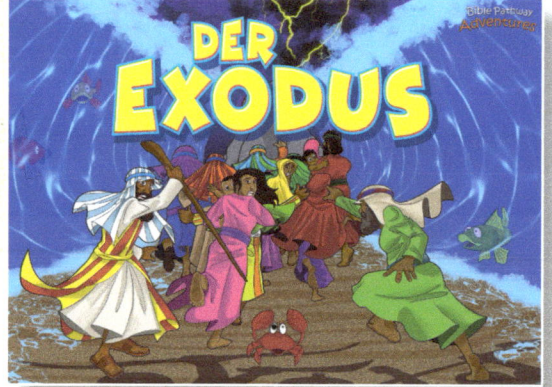

Flucht aus Ägypten

Der Kampf mit dem Riesen

Verschluckt von einem Fisch

Die Geburt des Königs

Der Verrat des Königs

Die Sintflut

Schiffbrüchig!

Der Exodus

Verkauft in die Sklaverei

Gerettet von einem Esel

Die auserwählte Braut

Solomon der Tempelbauer

Der Weg nach Damaskus

Entdecke mehr Bibel Geschichten von Bible Pathway Adventures!

Lesen Sie die Aktivitätsbücher von Bible Pathway Adventures

GEHEN SIE ZU

www.biblepathwayadventures.com

www.ingramcontent.com/pod-product-compliance
Lightning Source LLC
Chambersburg PA
CBHW041429080526

44579CB00021B/46